SCRIPTS HYPNOTIQUES

EN HYPNOSE ERICKSONIENNE ET P.N.L.

Partie 4

Constant WINNERMAN

SCRIPTS HYPNOTIQUES

EN HYPNOSE ERICKSONIENNE ET P.N.L.

Partie 4

SCRIPTS HYPNOTIQUES EN HYPNOSE ERICKSONIENNE ET P.N.L. PARTIE 4.

Copyright © 2011 Constant Winnerman, *Winnerman Productions E.U.R.L.*

Tous droits réservés. Toute reproduction, même partielle, du contenu, de la couverture, par quelque procédé que ce soit (électronique, photocopie…) est interdite sans autorisation écrite de *Winnerman Productions E.U.R.L.*

Édition : BoD – Books on Demand, info@bod.fr.

Impression : BoD – Books on Demand, In de Tarpen 42, Norderstedt (Allemagne).

Impression à la demande

ISBN: 978-2-8106-1224-6.

Dépôt légal: Juillet 2011.

Je dédie ce livre à tous ceux qui partagent ma grande passion pour l'Hypnose.

Je dédie également cet ouvrage à mon fils, Alexis.

Constant WINNERMAN.

Sommaire

<u>A propos de l'Auteur</u>

L'Auteur   **11**

<u>A propos de ce livre</u>

Avertissement   **13**

<u>Scripts Hypnotiques</u>   **15**

Vivre le moment présent   **17**
Apaiser l'enfant intérieur   **23**
Hypnose pour s'endormir   **29**
Recentrage sur soi,   **33**
rééquilibrage personnel
Mini-Détente 10 minutes   **45**

<u>A découvrir…</u>   **49**

Auto-Hypnose : Mode d'emploi   **51**
Formations et stages en Hypnose   **53**

A propos de l'Auteur

Constant WINNERMAN est le fondateur de l'Ecole Française d'Hypnose, au sein de laquelle il a animé de nombreuses formations.

Constant s'est formé à l'Hypnose et à la PNL en 2003.

Depuis 2012, Constant n'exerce plus.

A propos de ce livre

L'auteur tient particulièrement à rappeler au lecteur, ou à l'informer, que la pratique de l'Hypnose dans le cadre de la relation d'aide est une approche « **Utilisationnelle** »; entendez par là « qui utilise ce que le sujet et l'environnement présentent ». En conséquence, une séance d'Hypnose est unique, différente de toutes les autres, et n'est donc pas reproductible à l'identique. La séance se construit sur l'instant en fonction des réactions « calibrées » (c'est-à-dire recueillies, le plus souvent aux niveaux Visuel et Auditif) chez le sujet par le Praticien. Par conséquent, il n'est pas concevable qu'une séance d'Hypnose soit totalement préparée à l'avance, et dans l'idéal, les Scripts Hypnotiques exposés dans ce livre constitueront seulement pour le lecteur une source d'inspiration et des bases de travail pour sa pratique.

Cet ouvrage est prioritairement destiné aux personnes pratiquant déjà l'Hypnose et/ou la P.N.L.

SCRIPTS HYPNOTIQUES

EN HYPNOSE ERICKSONIENNE ET P.N.L.

Partie 4

A noter: Dans les Scripts Hypnotiques qui suivent, les mots en lettres majuscules sont saupoudrés* et les fautes d'orthographe sont volontaires.

* Le *Saupoudrage* est une technique de communication subliminale, consistant à « marquer », à « appuyer » certains mots d'une phrase, qui mis bout à bout, forment des suggestions destinées à l'Inconscient du sujet.

Pour parvenir à un résultat satisfaisant, vous devrez prendre le temps de vous entrainer à pratiquer.

Le *Saupoudrage* peut être :

- Visuel : En associant les mots saupoudrés à un geste.

- Auditif : En prononçant les mots saupoudrés de façon légèrement différente des autres mots de la phrase, et en plaçant un bref silence avant et après (représenté dans cet ouvrage par trois pointillés « ... »). Certains verbes à l'infinitif sont conjugués dans leur prononciation.

- Kinesthésique : En touchant physiquement la personne à chaque mot saupoudré (certains le font spontanément !).

Vivre le moment présent

Vivre le moment présent, c'est ne plus être hier, ni demain, mais se positionner Ici et Maintenant, dans cet instant précis où tout se joue, où vous pouvez tout changer, indépendamment de ce qu'a été votre passé.

Vivre le moment présent, c'est comme appuyer sur la touche pause, laisser ses activités quotidiennes de côté, un moment, et simplement contempler le monde extérieur, au travers de toutes ses images et de tous ses sons, ainsi que votre univers intérieur, dans tout ce que vous êtes, vos pensées, vos émotions et vos sensations.

Cette séance d'Hypnose va vous apprendre à vivre le moment présent.

Pour… COMMENCEZ…, prenez une… POSITION CONFORTABLE…, dans un fauteuil ou dans un lit.

Je vais me taire un moment pour vous permettre de vous…INSTALLEZ AGREABLEMENT…

… GARDEZ…-bien les… YEUX OUVERTS…

[Pause]

… VOUS ETES MAINTENANT… installé ; très bien. A tout moment de la séance, si besoin, vous pouvez et vous pourrez bouger ou changer de position, pour… DAVANTAGE DE CONFORT… Sachez également que vous… GARDEZ… et… GARDEREZ… votre… LIBRE-

ARBITRE..., en conséquence, si certaines des idées qui vous seront suggérées ne vous correspondent pas, ... VOUS ETES... et... RESTEREZ LIBRE... de seulement... PRENDRE CE QUI VOUS CONVIENT...

Peut-être que vous pouvez... LAISSEZ VOS PREOCCUPATIONS DE COTE..., ne serais-ce que durant quelques minutes, pour... BIEN PROFITEZ... de ce... MOMENT PRESENT...

Contentez-vous de... REGARDEZ AUTOUR DE VOUS..., ... TOUT AUTOUR DE VOUS...

Si vous vous surprenez à penser à autre chose qu'à ce que vous... VOYEZ..., reprenez-vite le contrôle et... RECENTREZ-VOUS... sur les éléments... VISUELS... de... L'INSTANT PRESENT...

Balayez... LE DECOR... du regard ;

Si vous êtes en intérieur, ... OBSERVEZ... la peinture ou la tapisserie des murs, les imperfections, les objets de la pièce...

Si vous êtes en extérieur, ... INTERESSEZ-VOUS... à... L'ENVIRONNEMENT..., à la... COULEUR... du... CIEL... par exemple...

Faites comme si vous étiez en train de... DECOUVRIR... ce... PAYSAGE... pour la première fois.

Ces... IMAGES..., cette... PERCEPTION..., appartiennent au... MOMENT PRESENT... Tous ces éléments... VISUELS... font partie de cet... INSTANT PRECIS...

[Pause]

... DETENDEZ-VOUS...

... MAINTENANT..., laissez les... PAUPIERES... se... FERMEZ..., ... TRANQUILLEMENT...

Très bien.

Et alors que les... PAUPIERES... se sont... FERMEZ..., les... IMAGES... que vous avez... VISUALISEZ... tout à l'heure font déjà partie du passé.

A... PRESENT..., ... FOCALISEZ... et... PORTEZ... votre... ATTENTION... sur... TOUS LES SONS... qui vous entourent et qui appartiennent à cet... INSTANT PRECIS...

... PERCEVEZ... et... ENTENDEZ... bien... ATTENTIVEMENT... tous les... SONS...

Peut-être même que vous pouvez... IDENTIFIEZ TOUS CES SONS...

Si vous vous surprenez à penser à autre chose qu'à ce que vous... ENTENDEZ..., reprenez-vite le contrôle et... RECENTREZ-VOUS... sur les éléments... AUDITIFS... de... L'INSTANT PRESENT...

Peut-être que vous pouvez... ECOUTEZ... tous ces... BRUITS EXTERIEURS..., toute cette... EXPRESSION... de la... VIE..., qui à peine formulée, s'éteint et devient déjà un souvenir du passé.

... ECOUTEZ..., ... ENTENDEZ... la... VIE... dont... VOUS FAITES PARTIE..., ... ICI... et... MAINTENANT... !

[Pause]

... DETENDEZ-VOUS...

Formidable !

... MAINTENANT..., ... TOURNONS-NOUS... vers... L'INTERIEUR... de... VOUS-MEME..., un monde... RICHE... et en... CONSTANTE EVOLUTION...

... PERCEVEZ... ou... RESSENTEZ... vos... EMOTIONS..., vos... SENSATIONS...

Si vous vous surprenez à penser à autre chose qu'à ce que vous... RESSENTEZ INTERIEUREMENT... reprenez-vite le contrôle et... RECENTREZ-VOUS... sur votre... ETRE INTERIEUR PRESENT...

... RESSENTEZ..., ... TOUT... ce qu'il y a à... RESSENTIR...

... RESSENTEZ... peut-être le... CONTACT... entre le... DOS... et le dossier du fauteuil ou le lit ;

... RESSENTEZ... peut-être la... SENSATION... des... BRAS... ou des... AVANTS-BRAS... sur les accoudoirs du fauteuil ou le matelas.

... RESSENTEZ... peut-être aussi comme les... PIEDS... sont... BIEN ANCRES... au sol.

Toutes ces... SENSATIONS... sont celles de ce... MOMENT PRESENT..., qui si tôt exprimé s'est déjà écoulé.

... RESSENTEZ..., ... VIVEZ... ce... MOMENT PRESENT...

... ICI... et... MAINTENANT... : ... VOUS ETES... cette personne. Et peu importe ce qu'a été votre passé et ce que vous avez fait, c'est ce que vous… FAITES MAINTENANT… qui est… IMPORTANT… Vous pouvez… TOUT CHANGEZ… Je répète : Vous pouvez… TOUT CHANGEZ…

… DONNEZ-VOUS LE DROIT…, … DONNEZ-VOUS LA PERMISSION…, … D'ETRE… cette… NOUVELLE PERSONNE…, de… VOUS REALISEZ… à… TOUS LES NIVEAUX… ICI… et à partir de… MAINTENANT…

[Pause]

… DETENDEZ-VOUS…

Vous êtes… BIEN DETENDU…, … BIEN APAISEZ…, … BIEN LIBEREZ…

Je vais compter jusqu'au chiffre 3, et lorsque je prononcerai ce chiffre, ce sera… A VOUS DE JOUER ! …

… A VOUS DE CONSTRUIRE…

… A VOUS DE CREER…

… A VOUS DE VOUS REALISER PLEINEMENT…

Et je compte :

1.   … RESSENTEZ… votre… CORPS… et prenez quelques… GRANDES… et… PROFONDES INSPIRATIONS…, … INSPIREZ PROFONDEMENT…, … SOUFFLEZ COMPLETEMENT… INSPIREZ PROFONDEMENT…,   …   SOUFFLEZ COMPLETEMENT…

2.   … ENTENDEZ TOUS LES SONS… qui vous entourent.

3.   … OUVREZ VOS YEUX… et… REGARDEZ TOUT AUTOUR DE VOUS…

Vous êtes… ICI… et… MAINTENANT…, et c'est… A VOUS DE JOUER ! …

… A VOUS DE CONSTRUIRE…

… A VOUS DE CREER…

… A VOUS DE VOUS REALISER PLEINEMENT…

Je vous souhaite une… TRES BELLE… et… EXCELLENTE VIE… !

Apaiser l'enfant intérieur

Nous avons tous vécu les peurs, les incompréhensions et les doutes de l'enfance. Bien que des années nous séparent de ce passé, nous retrouvons encore parfois l'enfant que nous avons été, au travers de nos décisions et de nos comportements présents. Les craintes et les questionnements de notre enfance, basés sur notre perception subjective de l'époque, n'ont plus lieu d'être aujourd'hui. Cette séance d'Hypnose va donc vous aider à apaiser et/ou à consoler votre enfant intérieur, et à améliorer ainsi vos conditions de Vie présentes et futures.

Je vous propose de… COMMENCEZ à… PROFITEZ… de… L'HYPNOSE… Pour cela, … INSTALLEZ-VOUS CONFORTABLEMENT… dans un endroit… PLAISANT…, … CALME… et… AGREABLE… Il peut s'agir d'un fauteuil ou du canapé de votre salon, ou de votre lit, dans votre chambre. … PRENEZ… bien… VOS AISES…

A tout moment de la séance, vous pouvez bouger ou… CHANGEZ DE POSITION… pour… DAVANTAGE… de… CONFORT…, car ce qui est… IMPORTANT…, c'est que vous… SOYEZ BIEN…

A présent, pour… COMMENCEZ… à… VOUS DETENDRE…, vous pouvez… LAISSEZ… les… PAUPIERES… se… FERMEZ… Allez-y.

… DETENDEZ-VOUS…

... PERMETTEZ... à tous les membres du... CORPS... de... BIEN... se... DETENDRE..., de... BIEN... se... RELACHEZ...

[Pause]

... DETENDEZ-VOUS...

[Pause]

Peut-être que vous pouvez... IMAGINEZ... un... NUAGE..., peut-être au dessus du corps, peut-être tout autour, dans la pièce.

Prenez le temps dont vous avez besoin pour IMAGINEZ... ou... CREEZ... ce... NUAGE... près de vous.

Peut-être aussi que vous pouvez donner une... APPARENCE... très... CLAIRE... et... LUMINEU...-se à ce... NUAGE..., ... EVOQUANT... la... PURETE..., la... SERENITE..., l'... APAISEMENT...

Ce... NUAGE... va... ILLUMINEZ... votre... ETRE INTERIEUR..., et vous aider à vous... DETENDRE PROFONDEMENT...

... IMAGINEZ... ou... FAITES COMME SI... à chaque... INSPIRATION..., vous... VOUS EMPLISSEZ... de ce... NUAGE..., vous le... PRENEZ EN VOUS...

Vous... INSPIREZ...

Vous... SOUFFLEZ...

Vous... INSPIREZ...

Vous… SOUFFLEZ…

Très bien.

Et plus vous… INSPIREZ…, et plus vous… VOUS EMPLISSEZ… de ce… NUAGE…, et de toutes les… BELLES… et… BONNES CHOSES… qu'il vous apporte.

Vous… INTERIORISEZ… de plus en… PLUS… votre… ESPRIT…, en vous intéressant… DAVANTAGE… à ce qui se passe à… L'INTERIEUR DE VOUS-MEME…, en vous tournant vers... VOTRE MONDE INTERIEUR…

Les pensées qui traversent votre esprit ;

Cette… IMPRESSION… de… DETENTE… qui s'… APPROFONDIS… toujours… DAVANTAGE…

… PERCEVEZ… et… APPRECIEZ… toute cette… ACTIVITE INTERIEURE…

[Pause]

… DETENDEZ-VOUS…

… CONTINUEZ… à… IMAGINEZ… que vous… VOUS EMPLISSEZ… de la… LUMIERE… ou de la… DETENTE… que vous apporte ce… NUAGE…

… COMPLETEMENT…

… TOTALEMENT…

… PROFONDEMENT…

[Pause]

Je vais vous demander de... LAISSEZ APPARAITRE... et... VENIR... à... VOTRE ESPRIT... un... SOUVENIR ANCIEN... de... L'ENFANCE... Une... SCENE DU PASSE... où... L'ENFANT... que vous... ETIEZ... n'est pas... TRES RASSUREZ..., peut-être car il ne... COMPRENDS... pas... TOUT... ce qui... SE PASSE...

... LAISSEZ APPARAITRE... ces... IMAGES..., ... LAISSEZ...-les... VENIR....

... NATURELLEMENT..., ... SPONTANEMENT..., ... SIMPLEMENT...

[Pause]

... DETENDEZ-VOUS... C'est... JUSTE... un... SOUVENIR... Un... SOUVENIR...

... COMMENCEZ... à... IMAGINEZ..., que... VOUS L'ADULTE..., vous... APPORTEZ... un... SOUTIEN... à cet... ENFANT...

... RASSUREZ-LE...

... CONSOLEZ-LE...

... EXPLIQUEZ-LUI...

... APPRENEZ-LUI... à... VOIR... ou à... VIVRE... les choses... AUTREMENT..., d'une façon... PLUS BELLE... et... PLUS AGREABLE... pour lui.

Peut-être même que... VOUS... pouvez le... PRENDRE DANS VOS BRAS...

... RASSUREZ-LE...

... CONSOLEZ-LE...

... EXPLIQUEZ-LUI...

... APPRENEZ-LUI...

... IMAGINEZ... que cet... ENFANT... est... DESORMAIS HEUREUX... HEUREUX...

... RICHE... de ces... ENSEIGNEMENTS..., de ces... NOUVEAUX APPRENTISSAGES...

Il... PERCOIS... et... VIS LES CHOSES AUTREMENT..., d'une façon... PLUS BELLE... et... PLUS AGREABLE... pour lui.

[Pause]

... DETENDEZ-VOUS...

Vous avez... APAISEZ... une... PARTIE... de... VOUS-MEME... C'est très bien !

Désormais, ... VOUS ETES... et... VOUS SEREZ... BIEN MIEUX... dans votre... VIE PRESENTE...

Je répète :

Désormais, ... VOUS ETES... et... VOUS SEREZ... BIEN MIEUX... dans votre... VIE PRESENTE...

Et je vais vous accompagner dans votre... VIE PRESENTE..., peut-être un peu... TRANSFORMEZ..., ... AMELIOREZ..., suite à cette séance, peut-être... PLUS BELLE... et... PLUS AGREABLE... à... VIVRE... !

Je vais compter jusqu'au chiffre 3.

1 ... RESSENTEZ... tout... VOTRE CORPS..., ... RAYONNANT... et... PLEIN DE VIE...

2. Prenez quelques… GRANDES… et… PROFONDES INSPIRATIONS… : … INSPIREZ PROFONDEMENT…, … SOUFFLEZ LENTEMENT…, … INSPIREZ PROFONDEMENT…, et… SOUFFLEZ COMPLETEMENT…

3. Votre… COU…, votre… TETE… et votre… NUQUE… sont… BIEN DETENDUS…, … TOUT… est… BIEN RELAXEZ… Vous pouvez… MAINTENANT…, … CHEZ VOUS…, OUVRIR VOS YEUX… Bonjour !

Hypnose pour s'endormir

Cette séance d'Hypnose va vous permettre de vous endormir rapidement, et profondément.

A chaque écoute, cette séance d'Hypnose vous aidera davantage à vous libérer de vos insomnies, et à retrouver désormais un sommeil naturel et profond.

Bonjour, cette séance d'Hypnose va vous aider à vous… ENDORMIR…, …RAPIDEMENT…, … PROFONDEMENT…, et de plus en plus… FACILEMENT…

Je vous propose de vous… INSTALLEZ CONFORTABLEMENT… dans votre lit.

Trouvez la… POSITION… la… PLUS AGREABLE… pour vous ; peut-être sur le dos, peut-être sur le côté, peut-être sur le ventre.

Allongez-vous, éteignez la lumière, et apprêtez-vous à passer une… BELLE… et… DOUCE NUIT… de… SOMMEIL…

Je suppose que vous êtes à présent installé et que nous pouvons… COMMENCEZ LA SEANCE…

Je vous précise que, durant cette séance, vous n'avez rien à faire de particulier, juste… LAISSEZ… les choses se… FAIRE…

A tout moment, vous pouvez bouger ou changer de position pour plus de… CONFORT…

Si vous n'avez pas encore… FERMEZ LES YEUX…, peut-être que vous pouvez le faire ; laissez les… PAUPIERES… se… FERMEZ…

Très bien.

Et alors que les… PAUPIERES… se sont… FERMEZ…, et que vous êtes… CONFORTABLEMENT INSTALLEZ… dans votre lit, vous allez bientôt… VOUS ENDORMIR PROFONDEMENT…

Peut-être que vous pouvez entendre des sons, tout au tour de vous.

Peut-être que vous pouvez vous intéresser à l'origine de ces sons ; vous demander quelle en est la cause…

Je vais me taire un instant, pour vous permettre de vous concentrer encore un peu sur les sons qui vous entourent.

[Pause]

… DETENDEZ-VOUS…

Nous allons… LAISSEZ CES SONS DE COTE…

Et peut-être que vous pouvez vous… FOCALISEZ VOTRE ATTENTION… sur la… RESPIRATION…, et bien… RESSENTIR… cette… RESPIRATION…

Chaque… INSPIRATION…

Et chaque… RELACHEMENT…

Cette… RESPIRATION… reflète et correspond souvent à l'… ETAT EMOTIONNEL…, l'…ETAT INTERIEUR…

Et alors que vous… PERCEVEZ… et… RESSENTEZ BIEN… cette… RESPIRATION…, plus cet… ETAT… va s'…APPROFONDIR…, et plus cette… RESPIRATION… va devenir… LENTE…, … CALME…, … TRANQUILLE…

Continuez à… RESPIREZ CALMEMENT…, … TRANQUILLEMENT…, NATURELLEMENT…

Chaque… INSPIRATION…

Et chaque… RELACHEMENT…

Alors que vous… RESPIREZ CALMEMENT… , … TRANQUILLEMENT… , … NATURELLEMENT…, chaque… RESPIRATION… vous… APAISE…, vous… RELAXE…, vous… DETENDS…, vous… BERCE…

A chaque… RESPIRATION…, le… CORPS… et l'… ESPRIT… se… CALME…, se… DETENDS…

… DETENDEZ-VOUS…

… CALMEMENT…

… TRANQUILLEMENT…

… RESSENTEZ… comme le… CORPS… se… DETEND…, se… RELACHE…

Et comme le CORPS… est… BIEN INSTALLEZ… dans ce lit, en contact avec le matelas, la tête sur l'oreiller, vous vous… LAISSEZ-ALLER COMPLETEMENT…, … TOTALEMENT…, et vous pouvez être curieux de savoir quelle est la partie du corps qui… COMMENCE… à s'… ENDORMIR…

[Pause]

… DETENDEZ-VOUS…

Et tandis que je vous parle, et que vous continuez à entendre ma voix, chacune de mes suggestions peut se… TRANSFORMEZ…, en acte, en… RESSENTI…, et la partie du… CORPS… qui s'… ENDORT… peut alors… LAISSEZ… cette… SENSATION… de… SOMMEIL… se… DIFFUSEZ… dans le… RESTE DU CORPS…

Se… DIFFUSEZ…

… TRAN-QUI-LLE-MENT…

… PRO-FON-DE-MENT…

Et vous pouvez… LAISSEZ… le… CORPS… s'…ENDORMIR…

S'… ENDORMIR…

… PROFONDEMENT…

Et chaque fois que la tête touche et touchera l'oreiller, le… CORPS… et l'… ESPRIT… s'… ENDORMENT… et s'… ENDORMIRONT…, comme ça, … PRO-FON-DE-MENT…

Juste… DORMIR…

… PRO-FON-DEMENT…

… COM-PLE-TE-MENT…

(Laisser le sujet s'endormir ou procéder à sa Réassociation. Fin de la séance).

Recentrage sur soi, Rééquilibrage personnel

Cette technique, aussi appelée la « Récapitulation », inspirée des pratiques des Chamans d'Amérique, va vous aider à vous rééquilibrer et à vous recentrer sur vous-même. Une fois la transe hypnotique induite, par le biais de mouvements de tête spécifiques, tantôt sur la gauche (le passé), tantôt sur la droite (le présent et le futur), et d'associations avec la respiration, cette méthode va vous permettre de :

Mobiliser et récupérer des ressources personnelles dans votre passé, et les mettre au service de votre Vie présente et future ;

Rendre aux autres ce qui ne vous appartient pas, ce qui n'est pas à vous, qu'ils ont posé sur vous (des mots, des images…), et de vous en libérer.

Je vous propose de… COMMENCEZ… par prendre une… POSITION… bien… PLAISANTE…, et… BIEN AGREABLE…

[Pause]

Peut-être que vous pouvez laisser les… PAUPIERES… se… FERMEZ…

Et les… PAUPIERES… se sont… FERMEZ…

Et je vais vous accompagner dans un... ETAT... d'Hypnose... PROFOND..., cet... ETAT... de... RELAXATION PLAISANT... et... AGREABLE...

Une fois cet état induit chez vous, nous passerons à la phase de travail, au cours de laquelle nous appliquerons cette technique dite de la « Récapitulation ».

Pour vous accompagner dans cet état d'Hypnose, je vais compter du chiffre 30 au chiffre 0. Lorsque je prononcerai le chiffre 0, vous serez en... HYPNOSE PROFONDE...

Je compte :

30 : Alors que les... PAUPIERES... sont... FERMEZ..., vous allez... EXPERIMENTEZ... un... ETAT... d'Hypnose... PROFOND... dans quelques instants. Prenez tout le temps dont vous avez besoin, pour... VOUS DETENDRE... et vous... LAISSEZ-ALLER...

Alors que durant cette séance, et à tout moment, vous pouvez bouger, changer de position pour... PLUS DE CONFORT..., vous gratter, bailler, tousser... Vous pouvez laisser de côté les suggestions qui ne vous conviendraient pas, et juste... GARDEZ... ce qui vous parle, ce qui vous convient, ... CE QUI EST FAIT POUR VOUS...

Peut-être que vous pouvez... COMMENCEZ..., avec ce chiffre 30, à vous... CONCENTREZ... sur la... RESPIRATION..., à... RESSENTIR... le volume respiratoire.

[Pause]

... PERCEVEZ..., ... RESSENTEZ..., ... ECOUTEZ..., la... RESPIRATION...

Chaque... INSPIRATION...

Son rythme, sa... PROFONDEUR...

Chaque... RELACHEMENT...

Laissez-vous... SIMPLEMENT ALLEZ..., au rythme de cette... RESPIRATION...

... SIMPLEMENT...

Vous n'avez rien à faire, juste laisser les choses se faire.

29 : Alors que vous respirez... CALMEMENT..., le... CORPS... et l'... ESPRIT... peuvent se... DETENDRE... de... PLUS EN PLUS...

Et vous pouvez être curieux de savoir laquelle des parties du... CORPS... est la... PLUS DETENDU..., peut-être un bras, peut-être l'autre, peut-être une jambe, une cuisse, peut-être l'autre, peut-être la tête, ou bien le dos.

28 : Laissez la... DETENTE..., le... BIEN-ETRE..., la... RELAXATION..., vous... ENVAHIR..., ... TOUT ENTIER...

27 : Et pour... APPROFONDIR... cet... ETAT..., vous pouvez... DECONTRACTEZ... tous les petits muscles du... CORPS...

26 : Cette... RESPIRATION..., toujours... CALME..., ... LENTE... et... REGULIERE...

25 : Le... RELACHEMENT... se fait. N'... APPROFONDISSEZ... pas cet... ETAT..., avant d'avoir

entendu le chiffre que vous attendez d'entendre, ou que vous n'entendez pas de ne pas attendre (confusion) : ... DETENDEZ-VOUS... deux fois plus...

24 : Vous pouvez... DETENDRE... les petits muscles du front, par exemple.

23 : Alors que vous déglutissez à certains moments ou à d'autres, c'est un très... BON... signe d'... APPROFONDISSEMENT... de cet... ETAT...

22 : ... DETENDEZ-VOUS...

Laissez la... DETENTE... du front se... PROPAGEZ... dans le visage.

Qui pourrait apparaître, ce visage, à un spectateur qui vous regarderait, simplement... PLUS RELACHEZ..., évoquant le... REPOS..., laissant... PENSEZ... à un... RELACHEMENT TOTAL...

Faites comme si je vous regardais, que je voyais ce visage, ... BIEN RELACHEZ..., de plus en... PLUS RELACHEZ...

21 : Vous pouvez... RELACHEZ... la... MACHOIRE..., bien... DELIEZ... cette... LANGUE...

20 : Cette première... DETENTE... peut se... REPANDRE..., se... PROPAGEZ..., dans le reste du... CORPS..., ... TOUT ENTIER..., ...DAVANTAGE...

Et plus vous... ENTENDEZ MA VOIX..., et plus cette... DETENTE... se... REPAND..., se... PROPAGES..., dans le reste du... CORPS..., ...TOUT ENTIER...

19 : ... PROFONDEMENT DETENDU..., tout... DETENDRE..., ... RELAXEZ..., ... RELACHEZ...

18 : Plus vous... ENTREZ... dans cet... ETAT..., plus la... RESPIRATION... se... CALME..., s'... APAISE..., et... DEVIENS... de plus en... PLUS LENTE... ; et plus la... RESPIRATION... se... CALME..., s'... APAISE..., et... DEVIENS... de plus en... PLUS LENTE..., et plus vous... ENTREZ... dans cet... ETAT...

Dans ce bel... ETAT..., ...PLAISANT... et... AGREABLE...

17 : ... DETENTE... Et je dis « ... DETENTE... ». Et vous pouvez peut-être même... PENSEZ... « ... DETENTE... ». Et quand je dis « ... DETENTE... », le... CORPS... et l'... ESPRIT... se... DETENDENT...

Et quand vous... PENSEZ... « ... DETENTE... », le... CORPS... et l'...ESPRIT... se... DETENDENT..., ...DEUX FOIS PLUS... !

Et je ne sais pas si vous savez si le... CORPS... et l'... ESPRIT... se... DETENDENT... uniquement quand je dis « ... DETENTE... », ou également quand vous... PENSEZ... « ... DETENTE... », peut-être les deux. Et peut-être que vous avez la réponse, et peut-être pas encore, ça n'a pas d'importance, tant que cet... ETAT... continue de s'... APPROFONDIR...

16. Le... CORPS TOUT ENTIER... est... PROFONDEMENT RELACHEZ...

15. ... PROFONDEMENT RELACHEZ...

14 : L'... ESPRIT... bien... LIBEREZ... de toute tension et de toute pensée parasite.

13 : C'est si... PLAISANT..., et c'est si... BON..., d'... ETRE BIEN...

12 : Comme un... SENTIMENT..., une... IMPRESSION... d'... ENTHOUSIASME..., que vous pouvez... LAISSEZ NAITRE... en vous, se... MOBILISEZ..., pour faire... ETINCELEZ... les moindres recoins de ce... CORPS..., pour... DETENDRE... les moindres parties de ce... CORPS..., pas avant le prochain chiffre.

11.

10.

9.

8. ... CORPS... immobile. ... ESPRIT... bien... LIBEREZ... et... DISPONIBLE..., pour... INTEGREZ... de nouveaux... APPRENTISSAGES...

7.

6.

5. N'... APPROFONDISSEZ... pas... TOTALEMENT... cet... ETAT... avant d'avoir... IMAGINEZ..., peut-être, que vous... DESCENDEZ L'ESCALIER... de la... DETENTE PROFONDE..., qui vous mène et vous mènera au plus... PROFOND... de... VOUS-MEME..., là, tout... AU FOND..., là tout... AU FOND.... Là où tout ce que vous écrivez, tout ce que vous installez, tout ce que vous programmez, peut et pourra agir systématiquement, Inconsciemment, sur tous vos actes, vos comportements, et vos façons de penser.

4. Et vous pouvez... IMAGINEZ... et... RESSENTIR... que vous... DESCENDEZ L'ESCALIER..., et vous pouvez vous demander si vous auriez préféré choisir un escalier plus familier, ou si cet escalier, que vous... RESSENTEZ DESCENDRE DAVANTAGE..., que

vous... PERCEVEZ... peut-être... CLAIREMENT..., est un... ESCALIER... que vous connaissez.

3. En toute... CONFIANCE..., vers les... PROFONDEURS... de... VOUS-MEME...

2. A votre propre rythme, en toute... CONFIANCE..., ... SIMPLEMENT...

1.

Et 0.

.... DETENTE PROFONDE... , ... RELACHEZ TOUT... , ... RELACHEZ TOUT...

[Pause]

A présent, tout ce qui se trouve à gauche de la tête, appartient au passé ; et tout ce qui se trouve à droit de la tête, correspond au présent et au futur.

Dans un moment, nous allons... EXPLOREZ CE PASSE..., pour y... RETROUVEZ DES RESSOURCES... qui vous appartiennent, et les... RECUPEREZ..., les... DEPOSEZ... dans le... PRESENT... et dans... L'AVENIR..., pour une... VIE... beaucoup plus... PLAISANTE..., plus... DOUCE..., plus... AGREABLE...

Je vais vous demander de laisser la tête se tourner sur la gauche, naturellement et simplement, dans le passé.

Peut-être jusqu'à une époque où... VOUS AVEZ LES RESSOURCES..., les... CAPACITES..., qui vous seront désormais bien utiles.

Regardez bien toute cette façon de penser, cette façon d'être, de se comporter. … DETAILLEZ-LA…, … RESSENTEZ-LA…, et quand vous serez prêt, vous allez la prendre en… INSPIRANT PROFONDEMENT…, et en bloquant la respiration, alors la tête se tournera à droite, pour déposer ces ressources dans le présent et l'avenir.

Et la tête peut se tourner à droite pour… DEPOSEZ TOUT CA…, et vous… SOUFFLEZ…, vous… DEPOSEZ… ces… RESSOURCES… dans votre… PRESENT…, et pour votre… AVENIR… Et c'est désormais… MUNI… de ces… RESSOURCES…, … FORT… de ces… CAPACITES…, que vous allez… VIVRE…, avec… PLAISIR…, dans le… BIEN-ETRE…, … EVOLUEZ DAVANTAGE… dans votre… PRESENT… et votre… AVENIR…

Et nous allons peut-être… RECUPEREZ D'AUTRES RESSOURCES…, que vous aviez laissées dans le passé, sur le même principe, en laissant cette tête de tourner à gauche. Et bien revoir cette façon d'être, de penser, de se sentir, que vous avez laissée là-bas. Et quand vous l'avez bien… REVUE…, bien… RETROUVEZ…, vous pouvez la… RECUPEREZ… en… INSPIRANT PROFONDEMENT…, bloquer, et laisser la tête se tourner dans le présent et le futur, et… DEPOSEZ TOUTES CES RESSOURCES… qui vous appartiennent, dans votre… PRESENT… et votre… FUTUR…, qui seront désormais beaucoup plus… PLAISANTS… et plus… AGREABLES… pour… VOUS…

Quand vous aurez terminé de… RECUPEREZ… toutes ces… RESSOURCES… et ces… CAPACITES…, vous pourrez laisser la tête se… RECENTREZ…

[Pause]

Vous venez de… RECUPEREZ… des… RESSOURCES…, des… CAPACITES…, des… SAVOIRS-ETRE… et des… SAVOIRS-FAIRE…, que vous aviez laissé dans le passé, qui sont et seront désormais des… ATOUTS…, pour votre… PRESENT… et votre… AVENIR…

Nous allons maintenant restituer aux autres, renvoyer à l'expéditeur, ce qui n'est pas à vous, ce que les autres ont posés sur vous, peut-être des mots, des images, des impressions, des attitudes… Et pour cela, laissons la tête se tourner à droite, pour regarder une dernière fois ce qui ne vous appartient pas, ce que les autres se sont permis de poser sur vous, des impressions, des mots, ce qui n'est pas vous, qui n'appartient qu'aux autres, et que nous allons leur restituer.

Quand vous serez prêt, sur le même principe que tout à l'heure, en… INSPIRANT PROFONDEMENT…, en bloquant la respiration… Faites transiter ça à gauche, … RETOUR A L'ENVOYEUR…, rendez ça aux autres, ce n'est pas à vous et… VOUS VOUS… en… LIBEREZ…

Je vais me taire un moment pour vous laisser… CONTINUEZ CE TRAVAIL…, en laissant la tête se tourner à droite, revoir, retrouver, une dernière fois, ces choses qui appartiennent aux autres, qui ne sont pas à vous, les… INSPIREZ… temporairement, et les leur restituer.

Rendez à César ce qui est à César !

[Pause]

… LIBEREZ-VOUS… de ce qui est de trop, car vous savez bien… QUI VOUS ETES…, car nul autre que vous ne peut mieux savoir… QUI VOUS ETES…. Un être…

UNIQUE…, … COMPLEXE…, que l'on ne peut pas étiqueter, que l'on ne peut pas catégoriser, que l'on ne peut pas classer.

[Pause]

Et vous avez rendu aux autres ce qui n'est qu'à eux, ce qui ne vous appartient pas, et vous avez… RECUPEREZ VOS RESSOURCES…, vos… QUALITES…, vos… ATOUTS…, et c'est… MUNI… de toutes ces… CAPACITES…, … FORT… de tous ces… NOUVEAUX AVANTAGES…, que vous… EVOLUEZ… et que vous… EVOLUEREZ… désormais, … FACILEMENT…, … SIMPLEMENT…, dans votre… PRESENT… et dans votre… AVENIR…

Vous êtes à présent… RECENTREZ…, … INTERIEUREMENT REEQUILIBREZ…, et je vais pouvoir vous accompagner dans votre… NOUVELLE VIE…, forcément… TRANSFORMEZ…, … AMELIOREZ…, bien plus… PLAISANTE… et plus… AGREABLE… pour vous. Et je vais pour cela compter jusqu'au chiffre 5.

N'… INTEGREZ… pas… COMPLETEMENT… tous les… BIENFAITS… de ce travail avant d'avoir entendu ce chiffre 5.

1. … SENTEZ… votre… RESPIRATION…, bien… PLAISANTE…, bien… CALME…, bien… AGREABLE…, elle est le reflet, le reflet des… BIENFAITS…de ce travail.

2. Ma voix devient un peu plus forte, et vous pouvez entendre les sons autour de vous, les bruits extérieurs, les bruits des pièces voisines, votre cou - votre tête - votre nuque sont… RELACHEZ…, … RELAXEZ…, et… VOUS ETES BIEN…

3. Vos… PAUPIERES… sont… PLUS LEGERES… et vous pouvez déjà prendre quelques… GRANDES… et… PROFONDES INSPIRATIONS…, voilà, … INSPIREZ PROFONDEMENT…, … SOUFFLEZ…, très bien. … INSPIREZ PROFONDEMENT…, … SOUFFLEZ…

4. En… PLEINE FORME…, comme sortant d'un bain de jouvence, … REPOSEZ…, comme après une nuit de sommeil, … VOUS ETES BIEN…

5. Vous pouvez… OUVRIR VOS YEUX… et… ARRIVEZ ICI… et… MAINTENANT… Bonjour !

Mini-Détente 10 minutes

Dans notre société moderne, au quotidien, l'être Humain est fréquemment soumis à bon nombre d'agressions et de parasitages. Aussi, quelque soit le montant de la journée, et même plusieurs fois par jour, cette séance de 10 minutes chrono peut vous permettre de vous détendre, et de recharger vos batteries, pour repartir du bon pied !

Bonjour, et bienvenue dans cette séance de « Mini-Détente ».

Je vous suggère de prendre une position... CONFORTABLE..., dans un lieu... CALME... où vous allez vous... DETENDRE TRANQUILLEMENT... Vous pouvez être installé(e) dans un fauteuil, ou dans un lit.

Alors nous pouvons... COMMENCEZ L'EXPERIENCE...

Peut-être que vous pouvez... FERMEZ LES YEUX..., en guise de rupture avec l'environnement et le monde extérieur.

Un jour, quelqu'un a dit, que ce ne sont pas les évènements qui façonnent notre Vie, mais la façon dont nous y réagissons.

Il me semble... INDISPENSABLE... que vous... SOYEZ CAPABLE... de vous... RECENTREZ SUR VOUS-MEME..., sur votre... MONDE INTERIEUR..., et peut-être même de faire de votre... BIEN-ETRE..., et de votre... EQUILIBRE..., « LA »... PRIORITE... Car la majorité des évènements de votre Vie découle de vos actes, et vos actes découlent... SIMPLEMENT... de vos pensées et de vos émotions !

... MARQUONS... ou... CREONS... donc cette rûpture avec l'environnement et le monde extérieur.

Et alors que les... PAUPIERES... sont... BIEN FERMEZ..., vous allez... VOUS RESSOURCEZ PLEINEMENT... dans un instant.

Peut-être que vous pouvez... PERCEVOIR... ou... RESSENTIR... la... RESPIRATION...

Chaque... INSPIRATION...

Chaque... RELACHEMENT...

Voilà.

Vous... INSPIREZ...

Et vous... SOUFFLEZ...

Très bien.

Je vais me taire un moment, et pendant ce temps, ... CONTINUEZ... à... RESPIREZ..., ... LENTEMENT..., ...TRANQUILLEMENT..., Et lorsque vous réentendrez ma voix, vous serez... PROFONDEMENT DETENDU...

[Pause]

... DETENDEZ-VOUS...

... DETENDEZ-VOUS...

Et... RELACHEZ TOUT...

Très bien.

Et peut-être que vous pouvez... IMAGINEZ... ou... RESSENTIR..., comme chaque... INSPIRATION... vous... REMPLIS... d'...ENERGIE..., de... RESSOURCES... et d'... APAISEMENT...

Et peut-être même que vous pouvez... IMAGINEZ... ou... RESSENTIR..., comme à chaque... RELACHEMENT..., vous... VOUS LIBEREZ... de toutes les tensions accumulées au cours de la journée.

Comme ça.

Et alors que vous... INSPIREZ..., vous vous... REMPLISSEZ... de toute cette... ENERGIE..., ces... RESSOURCES... et cet... APAISEMENT...

Et alors que vous... SOUFFLEZ..., vous... VOUS LIBEREZ... de toutes les tensions.

Formidable.

Continuez à... INSPIREZ...

Puis à... SOUFFLEZ...

Ainsi, vous laissez ce... GRAND CALME... vous... ENVAHIR..., ... TOUT ENTIER...

[Pause]

... DETENDEZ-VOUS...

C'est le... CALME...

Le… GRAND CALME…

Et à partir de cet instant précis, vous êtes et vous serez… TOTALEMENT DETENDU…, vous avez et vous aurez… BEAUCOUP PLUS… de… RECUL… et de… DISTANCE… vis-à-vis des évènements extérieurs.

Et je vais compter jusqu'à 3 pour vous accompagner dans la suite d'une… BELLE… et… DOUCE JOURNEE…

1.   … RESSENTEZ… votre… CORPS… Vous pouvez… BOUGEZ…, vous… ETIREZ…
2.   Vous pouvez prendre quelques… GRANDES… et… PROFONDES INSPIRATIONS…
3.   Vos… PAUPIERES… sont… LEGERES… Vous pouvez… OUVRIR VOS YEUX…, … ARRIVEZ ICI ET MAINTENANT…

Bonjour !

5.   … Vous pouvez… OUVRIR VOS YEUX… OUVREZ VOS YEUX… Revenez Ici et Maintenant.

Bonjour !

A DECOUVRIR…

(DU MEME AUTEUR)

Auto-Hypnose : Mode d'emploi

L'être humain est-il fait pour vivre les tensions que la société moderne, occidentale, lui inflige ?

L'Auto-Hypnose, la pratique de l'Hypnose sur - et par - soi-même, s'affiche et s'affirme aujourd'hui comme une méthode efficace pour lutter contre le stress, et plus globalement pour améliorer son état émotionnel et psychique.

Ce livre vous apprendra ce que sont réellement l'Hypnose et l'Auto-Hypnose, et comment vous pouvez dès maintenant les mettre en pratique, simplement, rapidement, et en toute autonomie, pour évoluer dans votre vie.

Formations et stages en Hypnose

L'*Ecole Française d'Hypnose* organise des formations et des stages en Hypnose Ericksonienne, Hypnose Classique et Auto-Hypnose.

**Découvrez nos formations et stages,
les dates et tarifs sur <u>www.formation-hypnose.fr</u>**